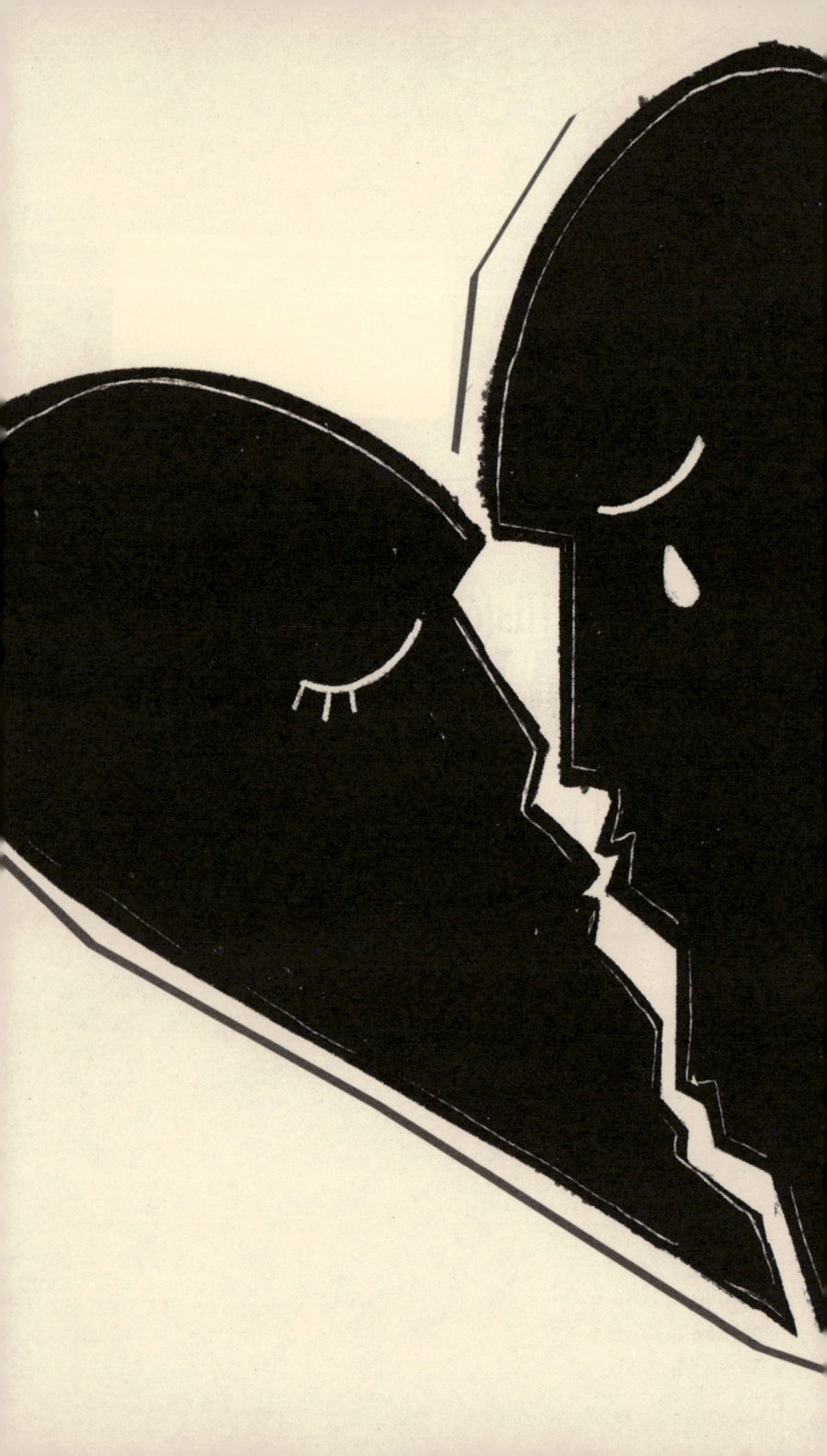

William Shakespeare

O discurso do amor rasgado

poemas, cenas e fragmentos

Tradução Geraldo Carneiro
Organização Ana Paula Pedro e Geraldo Carneiro
Posfácio Nelson Ascher
3ª edição

Editora
Nova
Fronteira

© da tradução
2012 by Geraldo Carneiro

Este livro teve por base, para o estabelecimento do texto, a edição das obras completas de William Shakespeare, *The Norton Shakespeare – Based on the Oxford Edition* (New York & London: W. W. Norton & Company, 1997), cujo editor geral é Stephen Greenblatt (Harvard University), e os editores associados são Walter Cohen (Cornell University), Jean E. Howard (Columbia University) e Katharine Eisaman Maus (University of Virginia).

Direitos de edição da obra em língua portuguesa no Brasil adquiridos pela Editora Nova Fronteira Participações S.A. Todos os direitos reservados. Nenhuma parte desta obra pode ser apropriada e estocada em sistema de banco de dados ou processo similar, em qualquer forma ou meio, seja eletrônico, de fotocópia, gravação etc., sem a permissão do detentor do copirraite.

EDITORA NOVA FRONTEIRA PARTICIPAÇÕES S.A.
Rua Candelária, 60 — 7º andar — Centro — 20091-020
Rio de Janeiro — RJ — Brasil
Tel.: (21) 3882-8200

Dados Internacionais de Catalogação na Publicação (CIP)

S527d   Shakespeare, William
      O discurso do amor rasgado: poemas, cenas e fragmentos / William Shakespeare; organizado por Ana Paula Pedro; traduzido e organizado por Geraldo Carneiro; posfácio por Nelson Ascher. - 3.ed. - Rio de Janeiro: Nova Fronteira, 2022. (Histórias de Amor)
      136 p.; 13,5 x 20,8cm.

      ISBN: 978-65-5640-608-4

      1. Teatro grego. I. Pedro, Ana Paula. II. Carneiro, Geraldo. II. Título.

                                           CDD: 882
                                           CDU: 82-2

André Queiroz – CRB-4/2242

CONHEÇA OUTROS
LIVROS DA EDITORA:

a Ana Paula Pedro

Sumário

Nota Introdutória · Geraldo Carneiro	8
Sonnet 76 Soneto 76	10-11
Romeo and Juliet Romeu e Julieta (I.5.90-107)	12-13
Antony and Cleopatra Antonio e Cleópatra (I.1.1-42)	16-17
Love's Labour's Lost Trabalhos de amor perdidos (IV.3.21-37)	20-21
Antony and Cleopatra Antonio e Cleópatra (I.3.1-106)	24-25
Romeo and Juliet Romeu e Julieta (II.1.44-190)	38-39
Sonnet 18 Soneto 18	54-55
Romeo and Juliet Romeu e Julieta (I.1.210-221 & I.2.82-101)	58-59
The Two Gentlemen of Verona Os dois cavalheiros de Verona (III.1.80-187)	64-65
The Tempest A tempestade (III.1.42-91)	76-77
Antony and Cleopatra Antonio e Cleópatra (I.5.1-34)	84-85
Sonnet 15 Soneto 15	90-91
Romeo and Juliet Romeu e Julieta (III.5.1-59)	94-95
Sonnet 65 Soneto 65	100-101
Antony and Cleopatra Antonio e Cleópatra (IV.16.19-70 & V.2.271-306)	104-105
Romeo and Juliet Romeu e Julieta (V.3.85-169)	114-115
Sonnet 116 Soneto 116	120-121
O Bardo e a coisa amada · Nelson Ascher	125
Notas	131

Nota Introdutória

Por diversas vezes fui chamado a traduzir textos de William Shakespeare. Aceitei sempre, não só pelo deleite, mas pelo leite das crianças. A primeira experiência foi há exatos trinta anos: por encomenda do grupo de teatro Pessoal do Despertar, traduzi a peça *A tempestade*, encenada no Parque Lage, no Rio de Janeiro. Certas noites eu ia até lá, com meu filho no colo, para contabilizar em fraldas a bilheteria do espetáculo. Fiquei ainda mais fã de Shakespeare.

Depois Maria Padilha me encomendou a tradução e adaptação de *As You Like It*, que ganhou o nome de *Como você gosta* e hoje creio que deveria se chamar *Como você quiser*. Essa aventura fez com que eu tomasse alguma intimidade com o Bardo e me arriscasse à tradução de alguns de seus sonetos. Também por encomendas, traduzi *Trabalhos de amor perdidos*, *Antonio e Cleópatra* e *Romeu e Julieta*. Hoje percebo que, sem Shakespeare, meu mundo seria muito mais pobre de espírito, de humor e de poesia.

Devo expressar aqui minha gratidão a Millôr Fernandes. Foi ele quem me falou pela primeira vez da importância de traduzir o Bardo para o português. E, como Millôr era meu herói desde a infância e meu amigo fraterno nos últimos quarenta anos, me vi investido na mesma tarefa, por afeto e admiração. Algumas vezes foi ele o primeiro leitor dos fragmentos deste livro. Agora que o Millôr acaba de deixar o reino deste mundo, me atrevo a imaginá-lo em novas aventuras shakespearianas numa nuvem da Eternet, já que o seu ceticismo não autorizaria outra metafísica.

Ao longo desses anos de convívio, compreendi que o motivo da permanência de Shakespeare não é apenas a força de suas histórias — em geral adaptadas de narrativas anteriores —, mas o poder de suas palavras, sobretudo as de amor. Foi o fascínio delas que provocou esta coletânea.

Não pretendo participar dos debates em torno da vida e da obra de Shakespeare, sempre decifradas e de novo cifradas pelos especialistas na matéria. Nem estorvei o texto com notas de uma erudição que não tenho. Desejaria antes a Eros-dicção do Bardo, a qualidade que suas palavras guardam de tocar as pessoas e suscitar paixões. Se algum verso aqui traduzido servir para isso, este livro já terá cumprido sua finalidade.

Conto também com a sua indulgência, cara leitora e caro leitor, para que estas palavras cheguem a seus olhos e ouvidos com certo frescor, como se algum poeta popular tivesse acabado de cantá-las no balcão de uma Julieta pós-moderna.

G.C.

Sonnet 76

Why is my verse so barren of new pride,
So far from variation or quick change?
Why, with the time, do I not glance aside
To new-found methods and to compounds strange?
Why write I still all one, ever the same,
And keep invention in a noted weed,
That every word doth almost tell my name,
Showing their birth and where they did proceed?
O know, sweet love, I always write of you,
And you and love are still my argument;
So all my best is dressing old words new,
Spending again what is already spent;
    For as the sun is daily new and old,
    So is my love, still telling what is told.

Soneto 76

Por que meu verso é sempre tão carente
De mutações e variação de temas?
Por que não olho as coisas do presente
Atrás de outras receitas e sistemas?
Por que só escrevo essa monotonia,
Tão incapaz de produzir inventos
Que cada verso quase denuncia
Meu nome e seu lugar de nascimento?
Pois saiba, amor, só escrevo a seu respeito
E sobre o amor, são meus únicos temas,
E assim vou refazendo o que foi feito
Reinventando as palavras do poema.
    Como o sol, novo e velho a cada dia,
    O meu amor rediz o que dizia.

From Romeo and Juliet

ROMEO

(*To Juliet, touching her hand*)
If I profane with my unworthiest hand
This holy shrine, the gentler sin is this:
My lips, two blushing pilgrims, ready stand
To smooth that rough touch with a tender kiss.

JULIET

Good pilgrim, you do wrong your hand too much,
Which mannerly devotion shows in this.
For saints have hands that pilgrims' hands do touch,
And palm to palm is holy palmers' kiss.

ROMEO

Have not saints lips, and holy palmers, too?

JULIET

Ay, pilgrim, lips that they must use in prayer.

ROMEO

O then, dear saint, let lips do what hands do:
They pray; grant thou, lest faith turn to despair.

JULIET

Saints do not move, though grant for prayers' sake.

ROMEO

Then move not while my prayer's effect I take.
(*He kisses her*)

De Romeu e Julieta

(*Num baile de máscaras, o encontro de Romeu e Julieta.*)

ROMEU

(*a Julieta, tocando a mão dela*)
Se com minha mão impura eu profanar
O santo relicário da tua mão,
Meus lábios, peregrinos, hão de expiar
Com um suave beijo essa profanação.
(*beija a mão dela*)

JULIETA

Não recrimina tanto a tua mão
Que se mostrou devota nesse ensejo.
Os peregrinos tocam as mãos dos santos
E nas suas palmas depositam um beijo.

ROMEU

Santos e peregrinos não têm boca?

JULIETA

Têm, sim, mas usam só para a oração.

ROMEU

Que os lábios façam como a mão que toca:
Se eles imploram, concede tua graça,
Para que a sua fé não se desfaça.

JULIETA

Santa não mexe, mas aceita a devoção.

ROMEU

Então, se estás imóvel, permanece,
Enquanto eu colho o efeito de minha prece.
(*ele a beija*)

For stony limits cannot hold love out.

Não há limites de pedra contra o amor.

From   **Antony and Cleopatra**

(*Enter Demetrius and Philo.*)

PHILO

Nay, but this dotage of our General's
O'erflows the measure. Those his goodly eyes,
That o'er the files and musters of the war
Have glowed like plated Mars, now bend, now turn
The office and devotion of their view
Upon a tawny front. His captain's heart,
Which in the scuffles of great fights hath burst
The buckles on his breast, reneges all temper,
And is become the bellows and the fan
To cool a gipsy's lust.
(*Flourish. Enter Antony, Cleopatra, her ladies, the train, with eunuchs fanning her.*)
                                Look where they come.
Take but good note, and you shall see in him
The triple pillar of the world transformed
Into a strumpet's fool. Behold and see.

De Antonio e Cleópatra

(*Dois cortesãos falam sobre a paixão
de Marco Antonio por Cleópatra.*)

PHILO

Essa paixão do nosso general
Já foi além de todos os limites.
Seu olhar admirável, que brilhava
Sobre as fileiras e legiões da guerra
Como se fosse um Marte de armadura,
Agora muda o ofício e a devoção
E se rende a uma face de morena.
Até seu coração de comandante,
Que, no alvoroço das grandes batalhas,
Rebentava o arcabouço da couraça,
Agora perde toda a compostura
E se converte em fole e abanador
Pra arrefecer o fogo de uma egípcia.
(*Fanfarras. Entram Marco Antonio,
Cleópatra e seus séquitos,
com eunucos abanando-a.*)
Repare bem e assim você o verá,
Ele, um dos três pilares deste mundo,
Ser transformado no bobo da corte
De uma prostituta. Observa e vê.

CLEOPATRA

    (*To Antony*)
    If it be love indeed, tell me how much.

ANTONY

    There's beggary in the love that can be reckoned.

CLEOPATRA

    I'll set a bourn how far to be beloved.
    [...]

ANTONY

    Let Rome in Tiber melt, and the wider arch
    Of the ranged empire fall. Here is my space.
    Kingdoms are clay. Our dungy earth alike
    Feeds beast as man. The nobleness of life
    Is to do thus; when such a mutual pair
    And such a twain can do't — in which I bind
    On pain of punishment the world to weet —
    We stand up peerless.

Cleópatra
> (*a Antonio*)
> Se isso é mesmo amor, me diga quanto.

Antonio
> Só há indigência no amor que faz contas.

Cleópatra
> Vou demarcar até onde posso ser amada.
> [...]

Antonio
> Que Roma se dissolva em meio ao Tibre
> E o vasto arco do império venha abaixo!
> Meu espaço é aqui. Os reinos são de barro.
> Nossa terra, com esterco, dá alimento
> Do mesmo modo aos bichos ou aos homens.
> A nobreza da vida é fazer isto.
> (*beija-a*)
> Quando um casal de tamanha importância
> Consegue amar-se mutuamente, então,
> Sob pena de castigo, eu intimo o mundo
> A confirmar que nós somos sem par.

From   Love's Labour's Lost

So sweet a kiss the golden sun gives not
To those fresh morning drops upon the rose
As thy eyebeams when their fresh rays have smote
The night of dew that on my cheeks down flows.
Nor shines the silver moon one-half so bright
Through the transparent bosom of the deep
As doth thy face through tears of mine give light.
Thou shin'st in every tear that I do weep.
No drop but as a coach doth carry thee,
So ridest thou triumphing in my woe.
Do but behold the tears that swell in me
And they thy glory through my grief will show.
But do not love thyself: then thou wilt keep
My tears for glasses, and still make me weep.
O Queen of queens, how far dost thou excel,
No thought can think nor tongue of mortal tell.

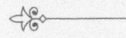

De   Trabalhos de amor perdidos

> O sol de ouro não beija assim tão doce
> O orvalho sobre a pétala da flor
> Como teu olhar que em raios derramou-se
> E derramou meu pranto e me encantou.
> Nem brilha cor de prata a luz da lua
> Por entre as transparentes profundezas
> Como brilha o esplendor da face tua
> Entre as lágrimas minhas de tristeza.
> Cada gota carrega-te em cortejo
> Em teu triunfo sobre o meu amor.
> Quanto mais lágrimas por ti despejo,
> Aumenta a tua glória e a minha dor.
> Mas não te encantes por ti, eu te aconselho,
> Nem faças minhas lágrimas de espelho.
> Rainha das rainhas, tu ultrapassas
> O que se pense ou diga de tuas graças.

Love is a
smoke made
with the fume
of sighs,
Being purged,
a fire
sparkling in
lovers' eyes.

O amor
é uma
fumaça de
suspiros,
Saciado,
arde
nos olhos
do amador.

From Antony and Cleopatra

(Enter Cleopatra, Charmian, Alexas and Iras.)

CLEOPATRA
Where is he?

CHARMIAN
              I did not see him since.

CLEOPATRA
See where he is, who's with him, what he does.
I did not send you. If you find him sad,
Say I am dancing; if in mirth, report
That I am sudden sick. Quick, and return.

CHARMIAN
Madam, methinks, if you did love him dearly,
You do not hold the method to enforce
The like from him.

CLEOPATRA
              What should I do I do not?

CHARMIAN
In each thing give him way; cross him in nothing.

CLEOPATRA
Thou teachest like a fool, the way to lose him.

CHARMIAN
Tempt him not so too far. Iwis, forbear.
In time we hate that which we often fear.

De   Antonio e Cleópatra

(Entra Cleópatra, acompanhada de seu séquito.
Ela sabe que Marco Antonio vai partir.)

CLEÓPATRA
   Onde ele está?

CHARMIAN
               Não o vi mais desde então.

CLEÓPATRA Descobre onde ele está, com quem, o que é
   Que está fazendo. Eu não te mandei.
   Se ele está triste, diz que estou dançando;
   Se está contente, diz que eu caí de cama.
   Depressa, e volta logo.

CHARMIAN
   Senhora, eu acho que se o teu amor
   Por ele é ardente, não é o melhor sistema
   De conquistar o amor da parte dele.

CLEÓPATRA
   O que devo fazer, que ainda não faço?

CHARMIAN
   Ceder em tudo, nunca contrariá-lo.

CLEÓPATRA
   Feito boba me ensinas a perdê-lo.

CHARMIAN
   Contém-te, não provoca ele demais:
   Com o tempo a gente odeia o que temia.

(*Enter Antony*)

CHARMIAN
>But here comes Antony.

CLEOPATRA
>>>>I am sick and sullen.

ANTONY
>I am sorry to give breathing to my purpose.

CLEOPATRA
>Help me away, dear Charmian, I shall fall.
>I cannot be thus long — the sides of nature
>Will not sustain it.

ANTONY
>>>>Now, my dearest queen.

CLEOPATRA
>Pray you, stand farther from me.

ANTONY
>>>>What's the matter?

CLEOPATRA
>I know by that same eye there's some good news.
>What says the married woman — you may go?
>Would she had never given you leave to come.
>Let her not say 'tis I that keep you here.
>I have no power upon you; hers you are.

ANTONY
>The gods best know —

CLEOPATRA
>>>>O, never was there queen
>So mightily betrayed! Yet at the first
>I saw the treasons planted.

(*entra Marco Antonio*)

CHARMIAN
　　　　Lá vem Antonio.

CLEÓPATRA
　　　　(*fingindo*)　Eu estou mal e prostrada.

ANTONIO
　　　　Lamento anunciar minha intenção...

CLEÓPATRA
　　　　Carrega-me, Charmian, estou desmaiando!
　　　　Não hei de durar muito, a natureza
　　　　Já não aguenta mais!

ANTONIO
　　　　　　　　　　Cara rainha...

CLEÓPATRA
　　　　Fica longe de mim.

ANTONIO
　　　　　　　　　　O que é que foi?

CLEÓPATRA
　　　　Eu sei, por teu olhar, que há boas-novas.
　　　　A esposa te deu ordem de partir?
　　　　Queria que ela nunca te deixasse
　　　　Ter vindo aqui! Que ela não diga que
　　　　Fui eu que te prendi! Porque eu não tenho
　　　　Poder sobre você. Você é dela.

ANTONIO
　　　　Os deuses sabem...

CLEÓPATRA
　　　　　　　　　　Ó, nunca uma rainha
　　　　Foi tão traída assim! Desde o princípio
　　　　Eu vi brotando a traição!

ANTONY
                                    Cleopatra —

CLEOPATRA
          Why should I think you can be mine and true —
          Though you in swearing shake the thronèd gods —
          Who have been false to Fulvia? Riotous madness,
          To be entangled with those mouth-made vows
          Which break themselves in swearing.

ANTONY
                                    Most sweet queen —

CLEOPATRA
          Nay, pray you, seek no colour for your going,
          But bid farewell and go. When you sued staying
          Then was the time for words; no going then.
          Eternity was in our lips and eyes,
          Bliss in our brow's bent; none our parts so poor
          But was a race of heaven. They are so still,
          Or thou, the greatest soldier of the world,
          Art turned the greatest liar.

ANTONY
                                    How now, lady!

CLEOPATRA
          I would I had thy inches. Thou shouldst know
          There were a heart in Egypt.

ANTONIO

                        Cleópatra...

CLEÓPATRA

      Como é que eu posso crer que você é meu
      E que é sincero (ainda que as suas juras
      Façam tremer os deuses nos seus tronos),
      Você, que traiu Fúlvia? Eu seria louca
      Se me enredasse com as suas promessas,
      Que já se quebram quando são juradas!

ANTONIO

      Minha doce rainha...

CLEÓPATRA

      Não vem justificar tua partida:
      Só diz adeus, e vai. Quando querias
      Ficar, era esse o tempo das palavras.
      Não havia adeus, só havia eternidade
      Nos nossos lábios e olhos, e era só
      Felicidade a derramar-se em nós.
      Eram do céu todas as nossas partes,
      E ainda são, senão foi o senhor,
      Sendo o maior soldado deste mundo,
      Que se tornou o maior dos mentirosos!

ANTONIO

      Como assim, senhora?

CLEÓPATRA

      Queria ser assim do teu tamanho
      Pra te mostrar que há um coração no Egito!

ANTONY

          Hear me, Queen.
The strong necessity of time commands
Our services a while, but my full heart
Remains in use with you.
[...]
         My more particular,
And that which most with you should safe my going,
Is Fulvia's death.

CLEOPATRA

Though age from folly could not give me freedom,
It does from childishness. Can Fulvia die?

ANTONY

She's dead, my queen.
(He offers letters)
Look here, and at thy sovereign leisure read
The garboils she awaked. At the last, best,
See when and where she died.

CLEOPATRA

          O most false love!
Where be the sacred vials thou shouldst fill
With sorrowful water? Now I see, I see,
In Fulvia's death how mine received shall be.

ANTONY

Quarrel no more, but be prepared to know
The purposes I bear, which are or cease
As you shall give th'advice. By the fire
That quickens Nilus' slime, I go from hence
Thy soldier-servant, making peace or war
As thou affects.

ANTONIO

>Ouve, rainha:
>Há obrigações urgentes convocando
>Os meus serviços, e eu, no entanto, deixo
>Todo o meu coração aqui contigo.
>[...]
>Minha razão pessoal, que deveria
>Te apaziguar quanto à minha partida,
>É a morte de Fúlvia.

CLEÓPATRA

>   Ainda que a idade
>Não possa me livrar da insensatez,
>Livra da ingenuidade. E Fúlvia morre?

ANTONIO

>Ela morreu, minha rainha.
>*(passa-lhe a carta)*
>Está aqui, e em teu lazer de soberana
>Lê sobre as rixas que ela despertou.
>No fim, o que é melhor: confere quando
>E onde ela morreu.

CLEÓPATRA

>   Que amor mais falso!
>Cadê os vasos sagrados que devias
>Encher com tuas lágrimas de dor?
>Eu já estou vendo, com a morte de Fúlvia,
>Como é que a minha vai ser recebida.

ANTONIO

>Não brigues mais, e escuta o meu projeto,
>Que só com teu conselho existe ou cessa.
>Por essa luz que anima o Nilo, eu parto
>Daqui como teu servo e teu soldado,
>Fazendo a paz ou a guerra, como queiras.

CLEOPATRA

                    Cut my lace, Charmian, come.
But let it be. I am quickly ill and well;
So Antony loves.

ANTONY

                    My precious queen, forbear,
And give true evidence to his love, which stands
An honourable trial.

CLEOPATRA

                    So Fulvia told me.
I prithee turn aside and weep for her,
Then bid adieu to me, and say the tears
Belong to Egypt. Good now, play one scene
Of excellent dissembling, and let it look
Like perfect honour.

ANTONY

                    You'll heat my blood. No more.

CLEOPATRA

You can do better yet; but this is meetly.

ANTONY

Now by my sword —

CLEOPATRA

                    And target. Still he mends.
But this is not the best. Look, prithee, Charmian,
How this Herculean Roman does become
The carriage of his chafe.

ANTONY

I'll leave you, lady.

CLEÓPATRA

        Me solta esse cadarço, Charmian. Venha.
        (à parte, a Charmian)
        Eu passo mal, mas logo passo bem,
        É assim que Antonio gosta.

ANTONIO

                      Cara rainha,
        Domina-te e dá mostras desse amor
        Que vai passar por uma prova de honra.

CLEÓPATRA

        Fúlvia ensinou-me assim: vira teu rosto
        E eu te suplico que chores por ela.
        Depois me diz adeus, e diz que as lágrimas
        Pertencem ao Egito. Vai, interpreta
        Essa cena de excelso fingimento,
        E faz com que pareça honra perfeita.

ANTONIO

        Assim fazes ferver meu sangue: chega.

CLEÓPATRA

        Você ainda faz melhor, mas já está bom.

ANTONIO

        Por minha espada...

CLEÓPATRA

                      E o escudo. Melhorou.
        Mas vai ficar melhor. Vê, Charmian,
        Como esse Hércules romano encarna
        A imagem de sua fúria.

ANTONIO

        Eu estou partindo.

CLEOPATRA
    Courteous lord, one word.
    Sir, you and I must part; but that's not it.
    Sir, you and I have loved; but there's not it;
    That you know well. Something it is I would —
    O, my oblivion is a very Antony,
    And I am all forgotten.

ANTONY
                              But that your royalty
    Holds idleness your subject, I should take you
    For idleness itself.

CLEOPATRA
                      'Tis sweating labour
    To bear such idleness so near the heart
    As Cleopatra this. But sir, forgive me,
    Since my becomings kill me when they do not
    Eye well to you. Your honour calls you hence,
    Therefore be deaf to my unpitied folly,
    And all the gods go with you. Upon your sword
    Sit laurel victory, and smooth success
    Be strewed before your feet.

ANTONY
                                Let us go.
    Come. Our separation so abides and flies
    That thou residing here goes yet with me.
    And I hence fleeting, here remain with thee.
    Away.

CLEÓPATRA

>Gentil senhor, uma palavra mais:
>Senhor, nós temos que nos separar —
>*(perdendo o fio do pensamento)*
>Mas não é isso, senhor, já nos amamos —
>Não é nada disso. Disso o senhor já sabe.
>O que eu queria mesmo era... Ah,
>Só Antonio é que me escapa ao esquecimento,
>Do resto me esqueci.

ANTONIO

>Se o capricho não fosse já teu súdito,
>Eu te confundiria com ele próprio.

CLEÓPATRA

>Trabalho árduo, guardar esse capricho
>Perto do coração, como Cleópatra.
>Mas senhor, me perdoes se meus gestos
>Me matam se não são do teu agrado.
>É a tua honra que te leva embora,
>Portanto esquece esses meus desvarios,
>E que todos os deuses te acompanhem!
>Que caiam louros sobre tua espada,
>Que as vitórias se espalhem a teus pés!

ANTONIO

>Vamos, vem.
>Assim nossos caminhos vão e ficam,
>Pois tu, ficando aqui, partes comigo,
>E eu, partindo, fico aqui contigo.
>Vamos.

But when you depart from me, sorrow abides.

Quando partes de mim, a dor se aloja.

From   Romeo and Juliet

ROMEO

> But soft, what light through yonder window breaks?
> It is the east, and Juliet is the sun.
> Arise, fair sun, and kill the envious moon,
> Who is already sick and pale with grief
> That thou, her maid, art far more fair than she.
> [...]
> *(Enter Juliet aloft)*
> It is my lady, O, it is my love.
> O that she knew she were!
> She speaks, yet she says nothing. What of that?
> Her eye discourses; I will answer it.
> I am too bold. 'Tis not to me she speaks.
> Two of the fairest stars in all the heaven,
> Having some business, do entreat her eyes
> To twinkle in their spheres till they return.
> What if her eyes were there, they in their head?
> The brightness of her cheek would shame those stars
> As daylight doth a lamp; her eye in heaven
> Would through the airy region stream so bright
> That birds would sing and think it were not night.
> See how she leans her cheek upon her hand.
> O, that I were a glove upon that hand,
> That I might touch that cheek!

De Romeu e Julieta

(A cena do balcão: Romeu contempla Julieta à janela, oculto no jardim da mansão dos Capuletos.)

ROMEU

Que luz é essa que irrompe na janela?
Será o nascente, e Julieta é o sol?
Levanta, sol, e assim mata essa lua,
Que já está pálida com a dor da inveja
Por seres tão mais bela do que ela.
[...]
É a minha amada, oh sim: é o meu amor.
Quisera ela soubesse o que ela é!
Ela fala, ainda quando não diz nada.
Seu olhar discursa: quero responder.
Sou um atrevido: não é a mim que ela fala.
Duas dentre as estrelas mais bonitas
Que há em todo o céu, por terem outros deveres,
Deixaram esplandecendo os olhos dela
Em suas esferas, até que voltassem.
E se os seus olhos estivessem lá,
E elas aqui? O brilho do seu rosto
Causaria vergonha nas estrelas,
Como o brilho do dia faz com as velas,
Seus olhos lá no céu brilhariam tanto
Que até os passarinhos cantariam,
Pensando que já não fosse mais noite.
Como ela ampara o rosto sobre a mão!
Ah, se eu fosse essa luva em sua mão,
Se eu pudesse tocar aquele rosto!

JULIET

                                        Ay me.

ROMEO

    (Aside) She speaks.
    O, speak again, bright angel; for thou art
    As glorious to this night, being o'er my head,
    As is a winged messenger of heaven
    Unto the white upturnèd wond'ring eyes
    Of mortals that fall back to gaze on him
    When he bestrides the lazy-passing clouds
    And sails upon the bosom of the air.

JULIET

    (*Not knowing Romeo hears her*)
    O Romeo, Romeo, wherefore art thou Romeo?
    Deny thy father and refuse thy name,
    Or if thou wilt not, be but sworn my love,
    And I'll no longer be a Capulet.

ROMEO

    (Aside)
    Shall I hear more or shall I speak at this?

JULIET

    'Tis but thy name that is my enemy.
    Thou art thyself, though not a Montague.
    What's Montague? It is nor hand, nor foot,
    Nor arm, nor face, nor any other part
    Belonging to a man. O, be some other name!
    What's in a name? That which we call a rose
    By any other word would smell as sweet.
    [...]
    Romeo, doff thy name,
    And for thy name — which is no part of thee —
    Take all myself.

JULIETA

    Ai de mim!

ROMEU

    (à parte, encantado) Ela fala!
    Fala de novo, anjo esplendoroso,
    Pois esplandeces tanto nesta noite
    Suspenso acima da minha cabeça,
    Como se fosse um mensageiro alado
    Do céu, diante dos olhos encantados
    Dos mortais, que se inclinam pra admirar-te
    Quando cavalgas nuvens vagarosas
    E sobre o seio do ar vais navegando.

JULIETA

    Ó Romeu, Romeu. Por que és Romeu?
    Nega teu pai, recusa esse teu nome;
    Senão, é só jurar-me o teu amor,
    E eu já não mais serei uma Capuleto.

ROMEU

    (à parte)
    Escuto mais, ou devo responder?

JULIETA

    É só teu nome que é meu inimigo.
    Tu és tu mesmo, não és um Montéquio.
    O que é um Montéquio? Não é mão, nem pé,
    Nem braço ou rosto, ou qualquer outra parte
    Que a alguém pertença. Encarna um outro nome.
    O que há num nome? O que chamamos rosa
    Com outro nome perde o seu perfume?
    [...]
    Romeu, despe o teu nome, e em vez do nome,
    Que não faz parte do teu ser,
    Toma posse completa de mim mesma.

Romeo

>*(To Juliet)* I take thee at thy word.
>Call me but love and I'll be new baptized.
>Henceforth I never will be Romeo.

Juliet

>What man art thou that, thus bescreened in night,
>So stumblest on my counsel?

Romeo

>By a name
>I know not how to tell thee who I am.
>My name, dear saint, is hateful to myself
>Because it is an enemy to thee.
>Had I it written, I would tear the word.

Juliet

>My ears have yet not drunk a hundred words
>Of thy tongue's uttering, yet I know the sound.
>Art thou not Romeo, and a Montague?

Romeo

>Neither, fair maid, if either thee dislike.

Juliet

>How cam'st thou hither, tell me, and wherefore?
>The orchard walls are high and hard to climb,
>And the place death, considering who thou art,
>If any of my kinsmen find thee here.

Romeo

>With love's light wings did I o'erperch these walls,
>For stony limits cannot hold love out.
>And what love can do, that dares love attempt.
>Therefore thy kinsmen are no stop to me.

Juliet

>If they do see thee, they will murder thee.

ROMEU

>Tomo posse de ti por tua palavra!
>Basta que tu me chames meu amor,
>E então serei de novo batizado.
>De hoje em diante, não serei Romeu.

JULIETA

>Quem és que sob a tela desta noite
>Assim penetras no meu pensamento?

ROMEU

>Por um nome não posso apresentar-me.
>Meu nome, minha querida, é detestável
>Pra mim mesmo, porque é teu inimigo.
>Se eu o tivesse escrito, eu o rasgaria.

JULIETA

>Ainda não escutei nem cem palavras
>Da tua voz, mas já sei qual é o seu som.
>Será que não és Romeu e não és Montéquio?

ROMEU

>Nenhum dos dois, se a ti te desagradam.

JULIETA

>Como chegaste aqui, me diz? Por onde?
>Os muros do pomar são muito altos,
>Difíceis de escalar, vai ser tua morte,
>Se algum parente meu te achar aqui.

ROMEU

>Saltei esses muros com as asas do amor.
>Não há limites de pedra contra o amor.
>E o que o amor não conquista, quando ousa?
>Teus parentes não podem me conter.

JULIETA

>Se eles te virem aqui, vão te matar.

ROMEO

 Alack, there lies more peril in thine eye
 Than twenty of their swords. Look thou but sweet,
 And I am proof against their enmity.

JULIET

 I would not for the world they saw thee here.

ROMEO

 I have night's cloak to hide me from their eyes,
 And but thou love me, let them find me here.
 My life were better ended by their hate
 Than death proroguèd, wanting of thy love.

JULIET

 By whose direction found'st thou out this place?

ROMEO

 By love, that first did prompt me to enquire.
 He lent me counsel, and I lent him eyes.
 I am no pilot, yet wert thou as far
 As that vast shore washed with the farthest sea,
 I should adventure for such merchandise.

JULIET

 Thou knowest the mask of night is on my face,
 Else would a maiden blush bepaint my cheek
 For that which thou hast heard me speak tonight.
 Fain woul I dwell on form, fain, fain deny
 What I have spoke; but farewell, compliment.
 Dost thou love me? I know thou wilt say 'Ay',
 And I will take thy word. Yet if thou swear'st

ROMEU

    Tem mais perigo morando em teus olhos
    Que em cem de suas espadas. Só me basta
    Que me olhes com doçura e isso me guarda
    Contra qualquer inimizade deles.

JULIETA

    Por nada quero que te vejam aqui.

ROMEU

    Tenho o manto da noite que me esconde.
    Se não me amares, deixa que me encontrem.
    Prefiro que o ódio acabe com a minha vida,
    Que a morte adiada, sem o teu amor.

JULIETA

    Quem te ensinou a vir a este lugar?

ROMEU

    O amor foi quem me fez investigar,
    Me aconselhou, e eu lhe emprestei meus olhos.
    Não sou navegador, mas se estivesses
    Na praia mais distante deste mundo,
    Ao vasto mar eu me aventuraria
    Para alcançar essa mercadoria.

JULIETA

    Sabes que a máscara da noite está em meu rosto,
    Senão eu coraria de vergonha
    Por teres escutado o que eu falei.
    Quisera ter mantido a cerimônia,
    Quisera desmentir o que eu já disse.
    Mas adeus, compostura! Tu me amas?
    Já sei que dirás sim, e aceitarei
    Tua palavra. Ainda que, se jurasses,

JULIET

>Thou mayst prove false. At lovers' perjuries,
>They say, Jove laughs. O gentle Romeo,
>If thou dost love, pronounce it faithfully;
>Or if thou think'st I am too quickly won,
>I'll frown, and be perverse, and say thee nay,
>So thou wilt woo; but else, not for the world.
>In truth, fair Montague, I am too fond,
>And therefore thou mayst think my 'haviour light.
>But trust me, gentleman, I'll prove more true
>Than those that have more cunning to be strange.
>I should have been more strange, I must confess,
>But that thou overheard'st, ere I was ware,
>My true love-passion. Therefore pardon me,
>And not impute this yielding to light love,
>Which the dark night hath so discoverèd.

ROMEO

>Lady, by yonder blessèd moon I vow,
>That tips with silver all these fruit-tree tops —

JULIET

>O swear not by the moon, th'inconstant moon
>That monthly changes in her circled orb,
>Lest that thy love prove likewise variable.

JULIETA

    Podia ser que te mostrasses falso.
    Dizem que as falsas juras dos amantes
    Fazem Júpiter rir. Gentil Romeu,
    Se tu me amas, proclama a tua fé.
    Ou, se julgares que sou muito fácil,
    Serei malvada e te direi que não,
    Para que tenhas que me cortejar.
    Senão, belo Montéquio, nem pensar!
    Sinceramente, eu estou apaixonada;
    Por isso podes me julgar leviana.
    Mas acredites que sou mais sincera
    Do que essas que simulam mais recato.
    Confesso que eu seria mais discreta,
    Se não escutasses sobre o meu amor
    Sem que eu soubesse. Eu te peço perdão.
    Não consideres um amor leviano
    Esse que a escura noite assim mostrou.

ROMEU

    Senhora, por essa bendita lua
    Que enche de prata as copas destas árvores,
    Eu juro...

JULIETA

        Não, não jures pela lua,
    Que muda a cada mês em sua órbita,
    Para que teu amor não mude igual.

ROMEO

>What shall I swear by?

JULIET

>>Do not swear at all.
>Or if thou wilt, swear by thy gracious self,
>Which is the god of my idolatry,
>And I'll believe thee.

ROMEO

>>If my heart's dear love —

JULIET

>Well, do not swear. Although I joy in thee,
>I have no joy in this contract tonight.
>It is too rash, too unadvised, too sudden,
>Too like the lightning which doth cease to be
>Ere one can say it lightens. Sweet, good night.
>This bud of love by summer's ripening breath
>May prove a beauteous flower when next we meet.
>Good night, good night. As sweet repose and rest
>Come to thy heart as that within my breast.

ROMEO

>O, wilt thou leave me so unsatisfied?

JULIET

>What satisfaction canst thou have tonight?

ROMEO

>Th'exchange of thy love's faithful vow for mine.

JULIET

>I gave thee mine before thou didst request it,
>And yet I would it were to give again.

ROMEU

        Então por que é que eu vou jurar?

JULIETA

                            Por nada.
Ou se quiseres jura por ti mesmo,
Porque és o deus da minha adoração.
E eu vou acreditar.

ROMEU

               Se o meu amor —

JULIETA

(cortando)
Não jura, não.
Embora eu tenha em ti minha alegria,
Não me alegra essa aliança em meio à noite,
Tão brusca, repentina e tão imprevista,
Como um relâmpago que logo apaga
Antes que alguém proclame a sua luz.
Boa noite, amor. Que o sopro do verão
Transforme esse botão de amor em flor
Quando nos encontrarmos outra vez.
Boa noite, e que tenhamos toda a calma
Tanto em teu coração quanto em minha alma

ROMEU

Vais me deixar assim insatisfeito?

JULIETA

Mas que satisfação querias hoje?

ROMEU

Que nós trocássemos juras de amor.

JULIETA

Já fiz as minhas, antes que pedisses.
E ainda quero fazê-las outra vez.

ROMEO

    Wouldst thou withdraw it? For what purpose, love?

JULIET

    But to be frank and give it thee again.
    And yet I wish but for the thing I have.
    My bounty is as boundless as the sea,
    My love as deep. The more I give to thee
    The more I have, for both are infinite.
    (Nurse calls within)
    I hear some noise within. Dear love, adieu. —
    [...] Sweet Montague, be true.
    Stay but a little; I will come again.   *(Exit)*

ROMEO

    O blessèd, blessèd night! I am afeard,
    Being in night, all this is but a dream,
    Too flattering-sweet to be substantial.

    (Enter Juliet aloft)

JULIET

    Three words, dear Romeo, and good night indeed.
    If that thy bent of love be honourable,
    Thy purpose marriage, send me word tomorrow,
    By one that I'll procure to come to thee,
    Where and what time thou wilt perform the rite,
    And all my fortunes at thy foot I'll lay,
    And follow thee, my lord, throughout the world.

ROMEU

    Você as retiraria, amor? Por quê?

JULIETA

    Só pra ser franca, e fazê-las de novo.
    Mas só estou desejando o que já tenho.
    A generosidade em mim é um mar:
    Meu amor por ti é fundo e é infinito,
    Quanto mais dou, mais tenho para dar.
    (Julieta ouve o chamado da Ama.)
    Ouvi um barulho em casa. Adeus, amor.
    [...] Sejas sincero, meu doce Montéquio.
    Fica um pouquinho mais, eu volto já.

    (Julieta sai)

ROMEU

    Ó noite abençoada, tenho medo
    Que, por ser noite, seja tudo um sonho
    Doce demais para ser verdadeiro.

    (Julieta reaparece)

JULIETA

    Três palavras, Romeu, depois boa noite.
    Se as tuas intenções de amor são sérias,
    Se o teu propósito é o casamento,
    Manda comunicar-me quando e onde
    Pretendes realizar a cerimônia,
    Por quem te procurar da minha parte,
    Que eu depositarei tudo o que tenho
    Aos teus pés, para então seguir contigo
    Até o final do mundo, meu senhor.

Ah me, how sweet is love itself possessed When but love's shadows are so rich in joy!

Como a
posse do
amor deve
ser doce,
Se até
sua sombra
é rica
de alegria!

Sonnet 18

Shall I compare thee to a summer's day?
Thou art more lovely and more temperate.
Rough winds do shake the darling buds of May,
And summer's lease hath all too short a date.
Sometime too hot the eye of heaven shines,
And often is his gold complexion dimmed,
And every fair from fair sometime declines,
By chance or nature's changing course untrimmed;
But thy eternal summer shall not fade
Nor lose possession of that fair thou ow'st,
Nor shall death brag thou wander'st in his shade
When in eternal lines to time thou grow'st.
    So long as men can breathe or eyes can see,
    So long lives this, and this gives life to thee.

Soneto 18

Te comparar com um dia de verão?
Tu és mais temperada e adorável.
Vento balança em maio a flor-botão
E o império do verão não é durável.
O sol às vezes brilha com rigor,
Ou sua tez dourada é mais escura;
Toda beleza enfim perde o esplendor,
Por acaso ou descaso da Natura;
Mas teu verão nunca se apagará,
Perdendo a posse da beleza tua,
Nem a morte rirá por te ofuscar,
Se em versos imortais te perpetuas.
    Enquanto alguém respire e veja e viva,
    Viva este poema, e nele sobrevivas.

If thou remember'st not the slightest folly That ever love did make thee run into, Thou hast not loved.

Se já não
mais te
lembras
das tolices
Que o amor
te tenha feito
cometer,
É porque
nunca amaste.

Flashback from Romeo and Juliet

BENVOLIO

    Then she hath sworn that she will still live chaste?

ROMEO

    She hath, and in that sparing makes huge waste;
    For beauty starved with her severity
    Cuts beauty off from all posterity.
    She is too fair, too wise, wisely too fair,
    To merit bliss by making me despair.
    She hath forsworn to love, and in that vow
    Do I live dead, that live to tell it now.

BENVOLIO

    Be ruled by me; forget to think of her.

ROMEO

    O, teach me how I should forget to think!

BENVOLIO

    By giving liberty unto thine eyes.

Flashback de Romeu e Julieta

(Quando Romeu ainda amava outra mulher: Rosalina.)

BENVÓLIO

Ela jurou viver em castidade?

ROMEU

Jurou, e é um desperdício essa avareza.
Guardar beleza assim passando fome,
Mata a posteridade da beleza.
Bela e sábia demais, cheia de graça,
Pra ser feliz assim com minha desgraça.
Jurou não mais amar e, assim jurando,
Sou morto-vivo, e só vivo contando.

BENVÓLIO

Vou te ensinar a não pensar mais nela.

ROMEU

Me ensina antes como não pensar.

BENVÓLIO

É só dar liberdade ao teu olhar.

[...]

BENVOLIO

At his same ancient feast of Capulet's
Sups the fair Rosaline, whom thou so loves,
With all the admirèd beauties of Verona.
Go thither, and with unattainted eye
Compare her face with some that I shall show,
And I will make thee think thy swan a crow.

ROMEO

When the devout religion of mine eye
Maintains such falsehood, then turn tears to fires;
And these who, often drowned, could never die,
Transparent heretics, be burnt for liars.
One fairer than my love! — the all-seeing sun
Ne'er saw her match since first the world begun.

BENVOLIO

Tut, you saw her fair, none else being by,
Herself poised with herself in either eye;
But in that crystal scales let there be weighed
Your lady's love against some other maid
That I will show you shining at this feast,
And she shall scant show well that now seems best.

ROMEO

I'll go along, no such sight to be shown,
But to rejoice in splendour of mine own.

BENVÓLIO

[...]

Na festa na mansão dos Capuletos,
Irão a tua amada Rosalina
E todas as beldades de Verona.
Vai lá, e, com teus olhos bem libertos,
Compara-a com as outras sem receio:
Teu cisne vai virar patinho feio.

ROMEU

Se eu nego a religião do meu olhar
Para acatar tão falsa fantasia,
Que se convertam em fogo minhas lágrimas,
Queimem meus olhos por essa heresia!
O sol, desde que há mundo e que há alvorada,
Não viu outra mais bela que minha amada.

BENVÓLIO

Só vês com teus dois olhos que ela é bela
Porque estás sempre sozinho com ela.
Mas pesa em tua balança de cristal
A tua amada contra outra donzela
Que vai brilhar na festa ao teu redor,
E verás qual das duas é a melhor.

ROMEU

Não é pra ver essa visão que eu vou,
Mas só pelo esplendor do meu amor.

Where art thou, Muse, that thou forget'st so long To speak of that which gives thee all thy might?

Onde estás,
Musa, que
te esqueces
tanto
De celebrar
a quem
te dá
o poder?

From   The Two Gentlemen of Verona

VALENTINE

    What would your grace have me to do in this?

DUKE

    There is a lady of Verona here
    Whom I affect, but she is nice, and coy,
    And naught esteems my agèd eloquence.
    Now therefore would I have thee to my tutor —
    For long agone I have forgot to court,
    Besides, the fashion of the time is changed —
    How and which way I may bestow myself
    To be regarded in her sun-bright eye.

VALENTINE

    Win her with gifts if she respect not words.
    Dumb jewels often in their silent kind
    More than quick words do move a woman's mind.

De   Os dois cavalheiros de Verona

(O Duque, autoridade máxima de Milão, pede conselhos a um estrangeiro, que é especialista em assuntos de amor e ama em segredo sua filha, Silvia.)

VALENTINO
O que é que Vossa Graça quer que eu faça?

DUQUE
Tem uma certa dama aqui em Milão
Que eu amo, mas é séria e recatada,
Não tem apreço por minha eloquência
Já antiquada. E eu quero que você
Seja o meu professor, porque faz tempo
Que eu me esqueci como se faz a corte.
Além do mais, mudaram as modas de hoje.
De que maneira eu devo me empenhar
Pra conquistar a consideração
Do seu olhar radioso como o sol?

VALENTINO
Se ela não tem apreço por palavras,
Conquiste-a com presentes: joias mudas,
Com seu silêncio, às vezes tocam mais
A mente da mulher do que as palavras.

DUKE

    But she did scorn a present that I sent her.

VALENTINE

    A woman sometime scorns what best contents her.
    Send her another. Never give her o'er,
    For scorn at first makes after-love the more.
    If she do frown, 'tis not in hate of you,
    But rather to beget more love in you.
    If she do chide, 'tis not to have you gone,
    Forwhy the fools are mad if left alone.
    Take no repulse, whatever she doth say:
    For 'Get you gone' she doth not mean 'Away'.
    Flatter and praise, commend, extol their graces;
    Though ne'er so black, say they have angels' faces.
    That man that hath a tongue I say is no man
    If with his tongue he cannot win a woman.

DUKE

    But she I mean is promised by her friends
    Unto a youthful gentleman of worth,
    And kept severely from resort of men,
    That no man hath access by day to her.

VALENTINE

    Why then I would resort to her by night.

DUQUE

        Ela já desprezou um presente meu.

VALENTINO

        Mulher despreza às vezes o que adora.
        Envia-lhe outro. Não desista nunca.
        Desprezo aumenta o amor que vem depois.
        Se ela faz cara feia, não é que tenha
        Repugnância por ti, mas, ao contrário,
        É pra engendrar em ti maior amor.
        Se ela resiste, não é pra te mandar
        Embora, porque, quando abandonadas,
        Essas malucas ficam enlouquecidas.
        Não recua, não importa o que ela diga.
        Porque quando te fala "Vai-te embora.",
        Ela não quer dizer "Some daqui!".
        Adula, louva, exalta as graças dela.
        Mesmo se são escuras feito breu,
        Diz que elas são tão brancas como os anjos.
        Que o homem que tem lábia, eu te garanto
        Que não é homem, se ele não consegue
        Ganhar uma mulher com a lábia dele.

DUQUE

        Mas essa que eu estou te mencionando
        Foi prometida a um jovem cavalheiro,
        E é guardada tão severamente
        Do assédio das pessoas, que não há homem
        Que tenha acesso a ela à luz do dia.

VALENTINO

        Então, eu a assediaria à luz da noite.

DUKE

    Ay, but the doors be locked and keys kept safe,
    That no man hath recourse to her by night.

VALENTINE

    What lets but one may enter at her windows?

DUKE

    Her chamber is aloft, far from the ground,
    And built so shelving that one cannot climb it
    Without apparent hazard of his life.

VALENTINE

    Why then, a ladder quaintly made of cords
    To cast up, with a pair of anchoring hooks,
    Would serve to scale another Hero's tower,
    So bold Leander would adventure it.

DUKE

    Now as thou art a gentleman of blood
    Advise me where I may have such a ladder.

VALENTINE

    When would you use it? Pray sir, tell me that.

DUKE

    This very night; for love is like a child
    That longs for everything that he can come by.

VALENTINE

    By seven o'clock I'll get you such a ladder.

DUKE

    But hark thee: I will go to her alone.
    How shall I best convey the ladder thither?

DUQUE

    Pois sim, mas os portões estão trancados,
    E as chaves bem guardadas, para ninguém
    Poder assediá-la em meio à noite.

VALENTINO

    E o que é que não permite que alguém possa
    Entrar pela janela?

DUQUE

    O quarto dela é longe, lá no alto,
    E tão encarapitado que ninguém
    Pode escalá-lo sem risco de vida.

VALENTINO

    Pois uma escada, então, feita de corda,
    Com um par de ganchos que agarrassem bem,
    Escalaria até a Torre de Hero.

DUQUE

    Como és um cavalheiro de boa cepa,
    Me diz onde é que acho tal escada.

VALENTINO

    E quando é que o senhor precisa dela?

DUQUE

    Hoje à noite. Que o amor é uma criança,
    E almeja qualquer coisa ao seu alcance.

VALENTINO

    Vou te trazer a escada às sete horas.

DUQUE

    Mas ouve aqui: eu vou até ela sozinho.
    Como posso levar a tal escada?

VALENTINE
>	It will be light, my lord, that you may bear it
>	Under a cloak that is of any length.

DUKE
>	A cloak as long as thine will serve the turn?

VALENTINE
>	Ay, my good lord.

DUKE
>	>	Then let me see thy cloak
>	I'll get me one of such another length.

VALENTINE
>	Why, any cloak will serve the turn, my lord.

DUKE
>	How shall I fashion me to wear a cloak?
>	I pray thee let me feel thy cloak upon me.
>
>	*(He lifts Valentine's cloak and finds a letter and a rope-ladder.)*
>
>	What letter is this same? What's here? 'To Silvia'?
>	And here an engine fit for my proceeding.
>	I'll be so bold to break the seal for once.
>	*(Reads)*
>	'My thoughts do harbour with my Silvia nightly
>	[...].
>	Silvia, this night I will enfranchise thee'?
>	'Tis so, and here's the ladder for the purpose. [...]

VALENTINO

    Ela vai ser bem leve, meu senhor,
    Pra que o senhor possa levá-la sob
    Qualquer manto que tenha certa altura.

DUQUE

    Um manto assim tão grande quanto o teu?
    Será que serve?

VALENTINO

              Serve sim, senhor.

DUQUE

    Então deixa-me ver esse teu manto:
    Vou arranjar algum da mesma altura.

VALENTINO

    (esquivando-se)
    Qualquer manto, senhor, vai te servir.

DUQUE

    Como é que o manto vai cair em mim?
    Me deixa, por favor, experimentar.

    (O Duque ergue o manto de Valentino e se depara com uma carta e uma escada de corda.)

    Que carta é essa? O que é que é isto aqui?
    (lê) "Para Silvia!" E aqui há um instrumento
    Que serve aos meus propósitos. Terei
    A ousadia de violar-lhe o lacre.
    (o Duque abre a carta e a lê)
    "Meus pensamentos procuram abrigo
    Todas as noites em minha Silvia. [...] Silvia,
    Esta noite haverei de libertar-te."
    E aqui a escada para essa aventura! [...]

Go, base intruder, over-weening slave,
Bestow thy fawning smiles on equal mates,
And think my patience, more than thy desert,
Is privilege for thy departure hence. [...]
Be gone. I will not hear thy vain excuse,
But as thou lov'st thy life, make speed from hence.
(Exit)

VALENTINE

And why not death, rather than living torment?
To die is to be banished from myself,
And Silvia is my self. Banished from her
Is self from self, a deadly banishment.
What light is light, if Silvia be not seen?
What joy is joy, if Silvia be not by —
Unless it be to think that she is by,
And feed upon the shadow of perfection.
[...] She is my essence, and I leave to be
If I be not by her fair influence
[...]
Tarry I here I but attend on death,
But fly I hence, I fly away from life.

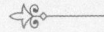

(indignado, descobrindo as segundas intenções do outro)
Vai-te daqui, intruso abjeto e vil!
Guarda esses teus sorrisos blandiciosos
Para os parceiros da tua mesma laia.
Saibas que deves à minha paciência,
Mais que a qualquer merecimento teu,
O privilégio de partir daqui. [...]
Não vou escutar tuas desculpas vãs:
Se tens amor pela tua vida, some!
(sai o Duque)

VALENTINO

Melhor a morte ou a tortura em vida?
Morrer é ser banido de mim mesmo,
E Silvia sou eu mesmo. Se exilado
Do lado dela, é um exílio mortal!
Que luz é luz, quando não vejo Silvia?
Qual é a alegria, se ela não está perto?
A não ser que eu pudesse imaginá-la
Ao meu lado e vivesse de sua sombra.
[...] Ela é minha essência, e eu deixo de existir
Se não for inspirado por sua força.
[...]
Ficando aqui, só espero pela morte;
Mas, se fugir, fujo da própria vida.

I am a
fool
To weep
at what
I am
glad of.

Devo
ser
louca:
choro
de
alegria.

From The Tempest

FERDINAND
[...] For several virtues
Have I liked several women; never any
With so full soul but some defect in her
Did quarrel with the noblest grace she owed
And put it to the foil. But you, O you,
So perfect and so peerless, are created
Of every creature's best.

MIRANDA
I do not know
One of my sex, no woman's face remember
Save from my glass mine own [...].
[...] but, by my modesty,
The jewel in my dower, I would not wish
Any companion in the world but you;
Nor can imagination form a shape
Besides yourself to like of. But I prattle
Something too wildly, and my father's precepts
I therein do forget.

De   A tempestade

FERDINANDO
>[...] Já amei mulheres diversas
>Por suas mais diversas qualidades:
>Nenhuma assim, com toda a minha alma,
>Pois sempre alguma sombra de defeito
>Pairava sobre a graça mais perfeita
>E desfazia o meu encantamento.
>Mas você, ah, você é tão perfeita,
>Parece feita da pequena parte
>De perfeição que há em cada criatura.

MIRANDA
>Nunca vi alguém do meu sexo, nem
>Me lembro de outro rosto de mulher,
>Exceto o meu, refletido no espelho.
>[...]
>Mas eu te juro, por minha pureza
>(A joia mais preciosa do meu dote),
>Não quero companhia senão a tua,
>Nem posso imaginar, além de ti,
>Nenhuma outra forma que eu amasse.
>Mas falo muito mais do que devia,
>E assim esqueço os preceitos de meu pai.

FERDINAND

    I am in my condition
    A prince, Miranda [...].
    [...] and would no more endure
    This wooden slavery than to suffer
    The flesh-fly blow my mouth. Hear my soul speak.
    The very instant that I saw you did
    My heart fly to your service; there resides
    To make me slave to it. And for your sake
    Am I this patient log-man.

MIRANDA

    Do you love me?

FERDINAND

    O heaven, O earth, bear witness to this sound,
    And crown what I profess with kind event
    If I speak true! If hollowly, invert
    What best is boded me to mischief! I,
    Beyond all limit of what else i'th'world,
    Do love, prize, honour you.

MIRANDA

    (Weeping)   I am a fool
    To weep at what I am glad of.

PROSPERO

    (Aside)   Fair encounter
    Of two most rare affections! Heavens rain grace
    On that which breeds between'em.

FERDINANDO
> Sou príncipe por minha condição,
> Miranda. [...]
> E esta escravidão me humilha tanto
> Como se houvesse moscas desovando
> Em minha boca. Ouve o que diz minha alma:
> Desde o primeiro instante em que te vi
> Meu coração voou pra ser teu escravo:
> Tornei-me um paciente lenhador.

MIRANDA
> Então me amas?

FERDINANDO
> Ó céu, ó terra, prestai testemunho
> E coroai de alegria o meu desejo,
> Se há verdade nas minhas palavras.
> E, se não há, cobri-me de infortúnios!
> Pois te amo mais que tudo que há no mundo.
> Eu te amo, eu te adoro.

MIRANDA
> Devo ser louca: choro de alegria!

PRÓSPERO
> *(pai de Miranda, observando a cena)*
> Feliz encontro de afeições tão raras!
> Que o céu sobre esse amor derrame graças.

FERDINAND
> *(To Miranda)*
>
> Wherefore weep you?

MIRANDA
> At mine unworthiness, that dare not offer
> What I desire to give, and much less take
> What I shall die to want. But this is trifling,
> And all the more it seeks to hide itself
> The bigger bulk it shows. Hence, bashful cunning,
> And prompt me, plain and holy innocence.
> I am your wife, if you will marry me.
> If not, I'll die your maid. To be your fellow
> You may deny me, but I'll be your servant
> Whether you will or no.

FERDINAND
> *(Kneeling)* My mistress, dearest;
> And I thus humble ever.

MIRANDA
> My husband then?

FERDINAND
> Ay, with a heart as willing
> As bondage e'er of freedom. Here's my hand.

MIRANDA
> And mine, with my heart in't.

FERDINANDO

  E por que choras?

MIRANDA

     Por minha fraqueza.
Pois eu não ouso dar o que queria,
Nem aceitar o que me mata de desejo.
Mas é inútil, quanto mais se esconde,
Mais se revela todo o sentimento.
Não quero mais fingir: que a inocência
Consiga iluminar minhas palavras.
Serei tua mulher, se assim quiseres;
Senão, hei de morrer em servidão.
Se me negares como companheira,
Queiras ou não, serei tua criada.

FERDINANDO

  Serás minha rainha, e eu, para sempre
  O teu escravo.

MIRANDA

     Então serás meu esposo?

FERDINANDO

  Sim,
  Meu coração sonhando desejoso,
  Como o cativo sonha a liberdade.
  Aqui está minha mão.

MIRANDA

  E aqui a minha, com meu coração.

Do you not know I am a woman? When I think I must speak.

Não sabes
que sou
mulher?
Quando
penso,
tenho que
falar.

From Antony and Cleopatra

(Enter Cleopatra, Charmian, Iras and Mardian.)

CLEOPATRA
Charmian!

CHARMIAN
Madam?

CLEOPATRA
(*Yawning*) Ha, ha. Give me to drink mandragora.

CHARMIAN
Why, madam?

CLEOPATRA
That I might sleep out this great gap of time
My Antony is away.

CHARMIAN
                    You think of him too much.

CLEOPATRA
O, 'tis treason!

CHARMIAN
                    Madam, I trust not so.

CLEOPATRA
Thou, eunuch Mardian!

MARDIAN
                    What's your highness'
                        [pleasure?

CLEOPATRA
Not now to hear thee sing. I take no pleasure
In aught an eunuch has. 'Tis well for thee
That, being unseminared, thy freer thoughts
May not fly forth of Egypt. Hast thou affections?

De Antonio e Cleópatra

(Entram Cleópatra, suas aias e o eunuco Mardian.)

CLEÓPATRA
Charmian!

CHARMIAN
Senhora?

CLEÓPATRA
Me dá mandrágora para beber.

CHARMIAN
Por que, senhora?

CLEÓPATRA
Pra que eu durma durante o longo tempo
Em que estiver distante o meu Antonio.

CHARMIAN
Pensas nele demais.

CLEÓPATRA
Ah, isso é traição!

CHARMIAN
Senhora, eu não acho.

CLEÓPATRA
Tu, eunuco Mardian!

MARDIAN
Qual é o desejo de Vossa Alteza?

CLEÓPATRA
Não é te ouvir cantando agora. Nada
Do que um eunuco tem me dá prazer.
Por sorte tua, sendo assim castrado,
Teus pensamentos não podem voar
Aqui do Egito. Tens tuas paixões?

MARDIAN
>Yes, gracious madam.

CLEOPATRA
>Indeed?

MARDIAN
>Not in deed, madam, for I can do nothing.
>But what indeed is honest to be done.
>Yet have I fierce affections, and think
>What Venus did with Mars.

CLEOPATRA
>   O, Charmian,
>Where think'st thou he is now? Stands he or sits he?
>Or does he walk? Or is he on his horse?
>O happy horse, to bear the weight of Antony!
>Do bravely, horse, for wot'st thou whom thou mov'st? —
>The demi-Atlas of this earth, the arm
>And burgonet of men. He's speaking now,
>Or murmuring 'Where's my serpent of old Nile?' —
>For so he calls me. Now I feed myself
>With most delicious poison. Think on me,
>That am with Phoebus' amorous pinches black,
>And wrinkled deep in time. Broad-fronted Caesar,
>When thou wast here above the ground I was
>A morsel for a monarch, and great Pompey
>Would stand and make his eyes grow in my brow.
>There would he anchor his aspect, and die
>With looking on his life.

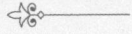

Mardian
    Tenho, senhora.

Cleópatra
    Com efeito?

Mardian
    Sem efeito, senhora, pois só faço
    O que, com efeito, é lícito ser feito.
    Mas tenho em mim paixões devoradoras,
    E penso no que Vênus fez com Marte.

Cleópatra
    Ah, Charmian! Onde é que você pensa
    Que ele está? Está de pé ou está sentado?
    Caminhando ou montado em seu cavalo?
    Feliz cavalo que carrega o peso
    De Antonio! Vai, cavalo, com bravura!
    Sabes quem estás levando? O semi-Atlas
    Da Terra, a arma e o elmo deste mundo!
    E ele agora, falando ou murmurando,
    Pergunta assim: "Cadê minha serpente
    Do velho Nilo?" É assim que ele me chama.
    E eu cá, me alimentando com o veneno
    Mais delicioso. Ele pensando em mim,
    Já escurecida pelos beliscões
    Do amor de Febo, e com as rugas do tempo.
    César, quando ainda andavas neste chão,
    Eu era um manjar digno de um monarca:
    Pompeu, o Grande, olhava a minha face
    Como se lá ancorasse o seu olhar,
    E assim morresse olhando a própria vida.

Speak low, if you speak love.

Fala baixo, quando falas de amor.

Sonnet 15

When I consider every thing that grows
Holds in perfection but a little moment,
That this huge stage presenteth naught but shows
Whereon the stars in secret influence comment;
When I perceive that men as plants increase,
Cheerèd and checked even by the selfsame sky;
Vaunt in their youthful sap, at height decrease,
And wear their brave state out of memory:
Then the conceit of this inconstant stay
Sets you most rich in youth before my sight,
Where wasteful Time debateth with Decay
To change your day of youth to sullied night;
 And all in war with Time for love of you,
 As he takes from you, I engraft you new.

Soneto 15

    Quando penso que tudo quanto cresce
    Só guarda a perfeição por um momento,
    Que o palco deste mundo só oferece
    Aquilo que dos astros ganha o alento;
    Quando vejo que os homens como as plantas
    Crescem e declinam sob o mesmo céu,
    Se jactam e depois, a alturas tantas,
    Decaem sem memória do que é seu,
    Então a percepção da impermanência
    Te faz mais moço aos olhos meus agora,
    Em que combatem o Tempo e a Decadência
    Para mudar em noite a tua aurora.
        E, combatendo o Tempo por teu amor,
        Se ele te toma, eu te faço maior.

And other strains of woe, which now seem woe, Compared with loss of thee will not seem so.

Pois qualquer
dor que
pareça doer,
Não dói
se comparada
a te
perder.

From   Romeo and Juliet

(Enter Romeo and Juliet aloft.)

JULIET

Wilt thou be gone? It is not yet near day.
It was the nightingale, and not the lark,
That pierced the fear-full hollow of thine ear.
[...]
Believe me, love, it was the nightingale.

ROMEO

It was the lark, the herald of the morn,
No nightingale. Look, love, what envious streaks
Do lace the severing clouds in yonder east.
Night's candles are burnt out, and jocund day
Stands tiptoe on the misty mountain tops.
I must be gone and live, or stay and die.

JULIET

Yon light is not daylight; I know it, I.
It is some meteor that the sun exhaled
To be to thee this night a torchbearer
And light thee on thy way to Mantua.
Therefore stay yet. Thou need'st not to be gone.

De Romeu e Julieta

(Romeu, já banido de Verona, se despede de Julieta, em sua primeira e última noite de amor.)

JULIETA

Já estás partindo? O dia ainda está longe!
Foi o rouxinol, e não a cotovia
Quem feriu teus ouvidos temerosos.
[...]
Confia em mim, amor, foi o rouxinol.

ROMEU

Foi a cotovia, o arauto da manhã,
Não foi o rouxinol: espia, amor,
As raias entre as nuvens do nascente:
As lâmpadas da noite se apagaram,
E o dia alegre, na ponta dos pés,
Já aponta lá no topo das montanhas.
Eu tenho que partir, para viver,
Ou ficar e morrer.
(faz menção de partir, mas é contido por Julieta)

JULIETA

Não é ainda a luz do dia, eu sei:
É um meteoro, algum esplendor na noite
Que se lança do sol como uma tocha
Pra iluminar-te em teu caminho a Mântua.
Podes ficar, não precisas partir.

ROMEO

> Let me be ta'en, let me be put to death.
> I am content, so thou wilt have it so.
> I'll say yon grey is not the morning's eye,
> 'Tis but the pale reflex of Cynthia's brow;
> Nor that is not the lark whose notes do beat
> The vaulty heaven so high above our heads.
> I have more care to stay than will to go.
> Come, death, and welcome; Juliet wills it so.
> How is't, my soul? Let's talk. It is not day.

JULIET

> It is, it is. Hie hence, be gone, away.
> It is the lark that sings so out of tune,
> Straining harsh discords and unpleasing sharps.
> Some say the lark makes sweet division;
> This doth not so, for she divideth us.
> [...]
> O, now be gone! More light and light it grows.

ROMEO

> More light and light, more dark and dark our woes.

(Enter Nurse hastily)

NURSE

> Madam.

JULIET

> Nurse.

NURSE

> Your lady mother is coming to your chamber.
> The day is broke; be wary, look about. *(Exit)*

JULIET

> Then, window, let day in, and let life out.

ROMEU

    Que eu seja aprisionado e seja morto:
    Fico feliz, se queres que assim seja.
    Direi que esse cinzento da manhã
    É só o reflexo pálido da lua,
    E que as notas que cantam sobre nós,
    No alto do céu, não são da cotovia
    Pois tenho mais vontade de ficar
    Que de partir. Julieta quer assim.
    Que venhas, morte, e que sejas bem-vinda.
    Conversemos, amor, não é dia ainda.

JULIETA

    É o dia, sim, vai-te daqui, depressa!
    Quem está cantando assim é a cotovia
    Que grita seus agudos dissonantes.
    Há quem diga que é doce esse seu canto,
    Não pode ser, se nos aparta tanto.
    [...]
    Vai-te, que a luz é cada vez maior.

ROMEU

    Quanto mais luz, mais negra a nossa dor.

AMA

    (entrando) Senhora.

JULIETA

    Ama?

AMA

    Sua mãe está vindo aqui para o teu quarto.
    Já é dia claro. Toma precauções. *(sai)*

JULIETA

    Então, janela, deixa que entre o dia
    E saia a minha vida.

ROMEO

    Farewell, farewell! One kiss, and I'll descend.
    (*He lets down the ladder of cords and goes down.*)

JULIET

    Art thou gone so, love, lord, my husband, friend?
    I must hear from thee every every day in the hour,
    For in a minute there are many days.
    O, by this count I shall be much in years
    Ere again I behold my Romeo.

ROMEO

    Farewell.
    I will omit no opportunity
    That may convey my greetings, love, to thee.

JULIET

    O, think'st thou we shall ever meet again?

ROMEO

    I doubt it not, and all these woes shall serve
    For sweet discourses in our times to come.

JULIET

    O God, I have an ill-divining soul!
    Methinks I see thee, now thou art so low,
    As one dead in the bottom of a tomb.
    Either my eyesight fails, or thou look'st pale.

ROMEO

    And trust me, love, in my eye so do you.
    Dry sorrow drinks our blood. Adieu, adieu.

ROMEU

    Adeus, um beijo mais e eu desço e vou.

JULIETA

    Partir assim, meu amigo, meu amor?
    Quero saber de ti a todo instante,
    Que há muitos dias em cada minuto:
    Por essas contas, terei muitos anos
    Antes de ver de novo o meu Romeu.

ROMEU

    Adeus, não perderei nenhuma chance
    De te mandar notícias, minha amada.

JULIETA

    Achas que nos veremos outra vez?

ROMEU

    Tenho certeza, e as dores de hoje em dia
    Serão conversas doces de amanhã.

JULIETA

    Meu Deus, eu tive um mau pressentimento!
    Quando te vi, aí embaixo, pareceu
    Que eras como um morto numa tumba:
    Ou meu olhar me engana, ou estás tão pálido!

ROMEU

    Também surgiste assim aos olhos meus:
    É a dor que suga o nosso sangue: adeus!

Sonnet 65

Since brass, nor stone, nor earth, nor boundless sea,
But sad mortality o'ersways their power,
How with this rage shall beauty hold a plea,
Whose action is no stronger than a flower?
O how shall summer's honey breath hold out
Against the wrackful siege of battering days
When rocks impregnable are not so stout,
Nor gates of steel so strong, but time decays?
O fearful meditation! Where, alack,
Shall Time's best jewel from time's chest lie hid,
Or what strong hand can hold his swift foot back,
Or who his spoil of beauty can forbid?
    O none, unless this miracle have might:
    That in black ink my love may still shine bright.

Soneto 65

O bronze, a pedra, a terra, o mar sem fim,
Se a morte impõe a todos seu rigor,
Como a beleza há de durar assim,
Se não tem mais que a força de uma flor?
Será que o sopro do verão perdura
Contra o assédio dos dias de tormenta,
Se nem a pedra se conserva dura
Nem os portões de aço se sustentam?
Terrível reflexão! Como ocultar
Do Tempo a sua mais cara riqueza?
Seu pé veloz, que mão há de parar?
Quem lhe proíbe o desgaste da beleza?
    Ninguém: só se um milagre faz-se impor
    E em tinta negra esplende o meu amor.

I'll make my heaven in a lady's lap.

Farei meu céu no colo de uma dama.

From   Antony and Cleopatra

(Enter below Antony borne by the guard.)

ANTONY

I am dying, Egypt, dying. Only
I here importune death awhile until
Of many thousand kisses the poor last
I lay upon thy lips.
[…]

(They heave Antony aloft to Cleopatra.)

CLEOPATRA

And welcome, welcome! Die when thou hast lived,
Quicken with kissing. Had my lips that power,
Thus would I wear them out.
(They kiss)

ANTONY

I am dying, Egypt, dying.
Give me some wine, and let me speak a little.

CLEOPATRA

No, let me speak, and let me rail so high
That the false hussy Fortune break her wheel,
Provoked by my offence.
[…]

De   Antonio e Cleópatra

(*Entra Marco Antonio agonizante e vê Cleópatra.*)

ANTONIO

Estou morrendo, Egito, e só morrendo
Consigo importunar um pouco a morte,
Até que entre mil beijos eu descanse
O derradeiro sobre os lábios teus.
[...]

CLEÓPATRA

Sejas bem-vindo aqui, e morre apenas
Quando tenhas vivido o suficiente.
Renasce com meus beijos. Se eu tivesse
Esse poder nos lábios, eu o usaria.

ANTONIO

Estou morrendo, Egito, estou morrendo.
Me dá algum vinho e me deixa falar.

CLEÓPATRA

Não, deixa-me falar e bradar tanto
Que a Fortuna, incitada por minha ofensa,
Há de quebrar sua roda!
[...]

ANTONY

    The miserable change now at my end
    Lament nor sorrow at, but please your thoughts
    In feeding them with those my former fortunes,
    Wherein I lived the greatest prince o'th'world,
    The noblest; and do now not basely die,
    Not cowardly put off my helmet to
    My countryman; a Roman by a Roman
    Valiantly vanquished. Now my spirit is going;
    I can no more.

CLEOPATRA

                Noblest of men, woot die?
    Hast thou no care of me? Shall I abide
    In this dull world, which in thy absence is
    No better than a sty?

    (Antony dies)

                  O see, my women,
    The crown o'th'earth doth melt. My lord!
    O, withered is the garland of the war.
    The soldier's pole is fall'n. Young boys and girls
    Are level now with men. The odds is gone,
    And there is nothing left remarkable
    Beneath the visiting moon.

Antonio

Não chora o que mudou neste meu fim,
Mas tenta alimentar teus pensamentos
Com as glórias anteriores que vivi.
Eu fui o maior príncipe do mundo,
O mais nobre, e não morro na baixeza,
Nem entrego o elmo a meu compatriota.
Sou romano vencido por romano.
Perco minhas forças, já não posso mais.

Cleópatra

Mais nobre dentre os nobres, estás querendo
Morrer? Não pensas mais em mim? Devo eu
Permanecer neste mundo sem graça,
Que, em tua ausência, é só uma pocilga?

(Marco Antonio morre)

Vejam, minhas meninas.
A glória deste mundo se dissolve.
Meu senhor!
Ó, ficou murcha a guirlanda da guerra,
Veio abaixo o estandarte do soldado.
Agora as crianças são iguais aos homens.
Não há mais diferença, e nada mais
Restou que merecesse a admiração
Sob essa lua que visita o céu.

(Enter Iras with a robe, crown, and other jewels.)

CLEOPATRA

Give me my robe. Put on my crown. I have
Immortal longings in me.
[...]
(Charmian and Iras help her to dress.)
Yare, yare, good Iras, quick — methinks I hear
Antony call. I see him rouse himself
To praise my noble act. I hear him mock
The luck of Caesar, which the gods give men
To excuse their after wrath. Husband, I come.
Now to that name my courage prove my title.
I am fire and air; my other elements
I give to baser life. So, have you done?
Come then, and take the last warmth of my lips.
(She kisses them)

CLEOPATRA

Farewell, kind Charmian. Iras, long farewell.
(Iras falls and dies)
Have I the aspic in my lips? Dost fall?
If thou and nature can so gently part,
The stroke of death is as a lover's pinch,
Which hurts and is desired. Dost thou lie still?
If thus thou vanishest, thou tell'st the world
It is not worth leave-taking.

CHARMIAN

Dissolve, thick cloud, and rain, that I may say
The gods themselves do weep.

(Entram suas aias Charmian e Iras, com um manto, a coroa e outras joias.)

CLEÓPATRA

Me dá meu manto. Põe minha coroa.
Tenho desejos imortais em mim.
Depressa, Iras. Parece até que escuto
Antonio me chamando. Já o vejo
Se erguendo pra elogiar meu gesto nobre.
Ouço-o zombando da sorte de César.
Já vou, meu esposo. Que minha coragem
Comprove o meu direito a esse título.
Sou fogo e ar: meus outros elementos
Entrego à natureza mais vulgar.
Está tudo pronto? Então venham colher
O derradeiro ardor dos lábios meus.
(Cleópatra beija as duas)

CLEÓPATRA

Adeus, gentil Charmian. Iras, adeus.
(Iras cai morta)
Terei veneno nos meus lábios? Estás caindo?
Se a vida em ti se aparta assim tão suave,
A morte é como o beliscão do amante,
Que dói e é desejado. Estás imóvel?
Se desmaias assim, mostras que o mundo
Não vale a despedida.

CHARMIAN

Dissolve, nuvem densa, e vira chuva,
Pra que eu possa dizer que os deuses choram.

CLEOPATRA

>This proves me base.
If she first meet the curlèd Antony
He'll make demand of her, and spend that kiss
Which is my heaven to have.
(She takes an aspic from the basket and puts it to her breast.)
>Come, thou mortal wretch,
With thy sharp teeth this knot intrinsicate
Of life at once untie. Poor venomous fool,
Be angry, and dispatch. O, couldst thou speak,
That I might hear thee call great Caesar ass
Unpolicied!

CHARMIAN

>O eastern star!

CLEOPATRA

>Peace, peace.
Dost thou not see my baby at my breast,
That sucks the nurse asleep?

CHARMIAN

>O, break! O, break!

CLEOPATRA

As sweet as balm, as soft as air, as gentle.
O Antony!
(She puts another aspic to her arm.)
>Nay, I will take thee too.
What should I stay — *(She dies)*

CHARMIAN

>In this vile world? So, fare thee
>[well.
Now boast thee, death, in thy possession lies
A lass unparalleled.

CLEÓPATRA

    Isso me prova inferior. *(refere-se a Iras)*
    Se ela encontrar Antonio antes de mim,
    Ele há de interrogá-la e lhe dará
    Aquele beijo que é o céu que eu pretendo.
    (Cleópatra retira uma serpente de uma cesta e lhe oferece o seio.)
    Vem, criatura fatal,
    Com teus dentes afiados desatar
    O emaranhado nó da vida.
    Acaba logo, animal venenoso.
    Se soubesses falar, eu te ouviria
    Dizer que o grande César é uma besta!

CHARMIAN

    Ó estrela do Oriente!

CLEÓPATRA

    Silêncio, silêncio! *(refere-se à serpente)*
    Não vês minha criança no meu seio,
    Mamando para adormecer a Ama?

CHARMIAN

    Oh, morre, morre!

CLEÓPATRA

    Leve como o ar, tão doce como um bálsamo,
    Tão suave... Oh, Antonio.
    (Fazendo-se picar por outra serpente.)
    Não, venha você também.
    Por que é que eu ficaria?...
    (Cleópatra morre, a frase fica inconclusa.)

CHARMIAN

    Neste mundo tão vil?
    Então, prossegue em paz.
    E agora, Morte, podes te gabar
    Que em teu poder há uma mulher sem par.

O, how the spring of love resembleth
The uncertain glory of an April day,
Which now shows all the beauty of the sun,
And by and by a cloud takes all away.

Oh, como
a primavera
de um amor
Parece a incerta
glória de uma hora
Do sol de abril,
num dia
de esplendor,
E daqui a pouco
a nuvem
leva embora.

From Romeo and Juliet

> *(Romeo opens the tomb, revealing Juliet.)*

ROMEO

For here lies Juliet, and her beauty makes
This vault a feasting presence full of light.
[...]
How oft, when men are at the point of death,
Have they been merry, which their keepers call
A lightning before death! O, how may I
Call this a lightning? O my love, my wife!
Death, that hath sucked the honey of thy breath,
Hath had no power yet upon thy beauty.
Thou art not conquered. Beauty's ensign yet
Is crimson in thy lips and in thy cheeks,
And death's pale flag is not advancèd there.
[...]
Ah, dear Juliet,
Why art thou yet so fair? Shall I believe
That unsubstantial death is amorous,
And that the lean abhorrèd monster keeps
Thee here in dark to be his paramour?
For fear of that I still will stay with thee,
And never from this pallet of dim night
Depart again. Here, here will I remain

De   **Romeu e Julieta**

>   (*Romeu ao lado de Julieta aparentemente morta no jazigo da família Capuleto.*)

ROMEU

Agora sei: Julieta jaz aqui,
E sua beleza faz deste sepulcro
Um palácio repleto de esplendor.
[...]
Quantas vezes, às vésperas da morte,
Um homem é tomado de alegria!
É a chamada "visita da saúde"
Esse clarão que chega antes da morte.
Mas como posso chamar de clarão
O que vejo, minha amada, minha esposa?
Se a morte sugou o mel do teu alento,
Ainda não dominou tua beleza!
Não foste conquistada, porque ainda
Ostentas o estandarte da beleza
Em teus lábios e faces de carmim,
E a morte, com sua pálida bandeira,
Não foi capaz de se apossar de ti.
[...]
Ó amada Julieta,
Como ainda podes ser tão bela assim?
Será que a morte se encantou por ti,
E que esse monstro te mantém aqui
Pra se tornar, no escuro, teu amante?
Por medo disso, hei de ficar contigo,
E nunca hei de partir deste palácio
De escuridão. É aqui que eu permaneço,

ROMEO
>   With worms that are thy chambermaids. O, here
>   Will I set up my everlasting rest,
>   And shake the yoke of inauspicious stars
>   From this world-wearied flesh. Eyes, look your last.
>   Arms, take your last embrace, and lips, O you
>   The doors of breath, seal with a righteous kiss
>   A dateless bargain to engrossing death.
>
>   [...]
>
>   *(Juliet awakes and rises.)*

Romeu

> Junto com os vermes que são teus criados.
> Aqui me instalo em meu descanso eterno,
> E assim liberto meu corpo cansado
> Da tirania dos astros funestos.
> Meus olhos: olhai pela última vez.
> Meus braços: dai o derradeiro abraço.
> Lábios, ó vós que sois portais do alento,
> Selai com um beijo honesto o monopólio
> Desse contrato sem termo com a morte.
>
> [...]
>
> *(Julieta se ergue, reanimada, e vê Romeu morto a seu lado.)*

JULIET

[...]
What's here? A cup closed in my true love's hand?
Poison, I see, hath been his timeless end.
O churl! — drunk all, and left no friendly drop
To help me after? I will kiss thy lips.
Haply some poison yet doth hang on them,
To make me die with a restorative.

(She kisses Romeo's lips.)

[...]

Yea, noise? Then I'll be brief. *(She takes Romeo's dagger.)*

O happy dagger,
This is thy sheath! There rust, and let me die.
(She stabs herself, falls and dies.)

JULIETA [...]
O que é isto? É uma taça ainda presa
Nas mãos do meu amado? Foi veneno
A causa do seu fim antes do tempo.
Que egoísta! Bebe tudo e não me deixa
Nem uma bendita gota que me ajude?
Pois vou beijar teus lábios e quem sabe
Reste neles um pouco de veneno
Que, me matando, me restaure a vida.

(Ela o beija, mas não morre. Ouve passos de gente que chega. Ergue uma adaga.)

[...]

Barulho? Então eu vou andar depressa.
Punhal bendito! É esta a tua bainha.
Aqui enferruja e me deixa morrer!

(Apunhala-se e morre.)

Sonnet 116

Let me not to the marriage of true minds
Admit impediments. Love is not love
Which alters when it alteration finds,
Or bends with the remover to remove.
O no, it is an ever fixèd mark
That looks on tempests and is never shaken;
It is the star to every wand'ring bark,
Whose worth's unknown although his height be taken.
Love's not Time's fool, though rosy lips and cheeks
Within his bending sickle's compass come;
Love alters not with his brief hours and weeks,
But bears it out even to the edge of doom.
    If this be error and upon me proved,
    I never writ, nor no man ever loved.

Soneto 116

Não tenha eu restrições ao casamento
De almas sinceras, pois não é amor
O amor que muda ao sabor do momento,
E se move e remove em desamor.
Oh, não, o amor é marca mais constante
Que enfrenta a tempestade e não balança,
É a estrela-guia dos batéis errantes,
Cujo valor lá no alto não se alcança.
O amor não é o bufão do Tempo, embora
Sua foice vá ceifando a face a fundo.
O amor não muda com o passar das horas,
Mas se sustenta até o final do mundo.
    Se é engano meu, e assim provado for,
    Nunca escrevi, ninguém jamais amou.

And when I love thee not, chaos is come again.

E quando eu não te amo, o caos regressa.

O Bardo e a coisa amada

Qualquer teatro que se preze dispõe hoje em dia de mais refletores do que a artilharia antiaérea de Londres possuía em 1941 para localizar e ajudar a abater os bombardeiros alemães. Dos demais recursos técnicos nem se fala. Ao contrário do que ocorria décadas atrás, quando era o teatro que inspirava o cinema, hoje se montam na Broadway versões ao vivo de filmes as quais, como estes, caprichar em toda a parafernália ilusionista. Há quatro ou cinco séculos, porém, havia bem menos tecnologia disponível e, no que diz respeito ao teatro, era na linguagem que se embutiam seus melhores efeitos especiais. Não por acidente, essa foi a época de Gil Vicente, o maior dramaturgo de nossa língua, do "siglo de oro" espanhol que deu ao mundo, entre outros, Lope de Vega, Tirso de Molina e Calderón de La Barca. Essa foi também a era em que, com Christopher Marlowe e outros, inaugurou-se a grande tradição dramática de língua inglesa.

Foi então que William Shakespeare escreveu suas tragédias, dramas históricos e comédias, um repertório que segue sendo encenado com sucesso não só no seu país natal e no restante da anglosfera, mas em todos os cantos do planeta. Muitas das situações e personagens que criou tornaram-se emblemáticas: Macbeth é o paradigma sempre atual do tirano sedento de poder a qualquer preço, enquanto Lady Macbeth o é da mulher que, infinitamente inescrupulosa, realiza suas ambições instrumentalizando o marido; Hamlet demonstra como a indecisão, o excesso de pensamento destinado a postergar a ação, acaba delegando os fios do destino às forças do caos e da morte; cada pai abandonado por filhos hipócritas e ingratos é um Rei Lear; e Romeu e Julieta são todos os jovens amantes desventurados cuja paixão os contraponha ao mundo rancoroso e inflexível dos adultos. Reitero, no entanto, que cada uma dessas ficções — mais reais que a própria realidade — é uma invenção complexa da linguagem e que só existe nela, antes de mais nada (mas não somente) na sua língua original, o inglês elisabetano.

O Bardo, como o chamam seus conterrâneos, foi em vida popular no sentido mais legítimo do termo, vale dizer, ao contrário da alta literatura de sua era (o poeta Edmund Spenser, por exemplo, que, dedicando-se ao mais respeitado dos gêneros, a poesia narrativa, celebrou a rainha numa complicadíssima alegoria quilométrica), ele escreveu para as "massas" urbanas, cujos membros, não raro iletrados, absorviam-lhe os textos com os ouvidos, não com os olhos. Levou mais de um século até que, ao custo de várias polêmicas (travadas não só na Inglaterra, mas também na Alemanha), ele começasse a ser admitido no panteão dos grandes autores canônicos, com suas peças e poemas convertendo-se aos poucos em escritura que, quase sagrada, passaria a ser frequentada com reverência e temor. A partir da virada do século XIX, da Alemanha de Schiller à Rússia de Púchkin, literaturas em formação o adotariam como modelo supremo, enquanto na Itália e França seus enredos se transformariam em óperas famosas.

Outras tantas línguas europeias cujos falantes chegavam ao palco da história como nações modernas tomaram sua obra como uma espécie de teste ou rito de passagem, confiando a seus melhores poetas a tarefa de importar e aclimatar-lhe os versos, de modo a provar a própria maturidade, pois uma língua na qual, digamos, o Coriolano shakespeariano fosse capaz de perorar seu desprezo pela vulgaridade das massas não poderia mais ser considerada um mero dialeto de camponeses analfabetos. Como em tantos outros casos, porém, os luso-brasileiros, apegados preferencialmente a tudo o que fosse francês, perderam também esse trem — e Shakespeare não começou a ser decentemente traduzido para o português antes de bem entrado o século XX. Aliás, a imensa maioria de suas traduções, em especial de suas traduções em verso, foi feita não em Portugal, mas no Brasil. Uma vez começado o processo, porém, este tem se acelerado, e, não obstante a qualidade dos resultados já alcançados, ele prossegue, seja ao sabor das mudanças idiomáticas, seja em busca de resultados ainda melhores.

E aqui entra Geraldo Carneiro que, além de ser um dos melhores poetas atuais do Brasil, é seguramente o mais apaixonado que já tivemos pelo Bardo, algo que decorre, é claro, tanto de sua assumida anglofilia literária (e não seria difícil defender a tese de que, por todo um milênio, a poesia de língua inglesa tem sido a mais completa e rica do Ocidente), como de seu antigo e ativo convívio com o teatro e outras formas dramáticas. Pensando bem, o amor rasgado de que fala no seu título tampouco deixa de ser aquele que ele, nas páginas que seguem, declara (e prova ter) tanto por Shakespeare e a língua deste quanto pelo português contemporâneo do Brasil para o qual o traz. Convém, no entanto, esclarecer que se, no início, sua paixão talvez tivesse sido tão incondicional quanto a dos amantes desafortunados de Verona, graças à sua persistência e à decorrente intimidade prolongada, ela transmutou-se num afeto que, embora sincero e abrangente, não impede o amante de perceber as eventuais falhas ou limitações da parceira. Para escândalo, portanto, daqueles eruditos que menos leem do que reverenciam o inglês, Geraldo, ao referir-se não a um objeto de culto, mas a uma obra viva, é perfeitamente capaz de, apontando falhas estruturais nessa ou naquela peça, dizer alto e bom som que isto o agrada, aquilo o desagrada. Se ele está ou não certo, isso é assunto para intermináveis discussões entre outros tantos shakespearianos apaixonados. O fato é que, sem essa relação a um tempo passional e realista, mas sempre pessoal, com o autor e a obra, a autêntica tradução não é possível, e o resultado de qualquer tentativa será um texto inane e inerte.

Além de poeta dramático ou dramaturgo poético, Shakespeare foi também um poeta lírico que nos legou um denso conjunto de sonetos (muitos deles praticamente perfeitos) que, no todo ou em parte, tem sido bravamente enfrentado por diversos tradutores brasileiros e portugueses, como Ivo Barroso, Jorge Wanderley e Vasco Graça Moura. Geraldo traduz com brio seus favoritos e, como estes de certo modo ilustravam concentradamente a arte poética do Bardo, sua versatilidade, riqueza de recursos, bem como sua sutileza e *wit*, é igualmente neles que a perícia do tradutor se revela de forma mais explícita, sobretudo no uso do metro, pois, em termos de ritmo, o decassílabo português que Camões levou à perfeição deixa-se, nestas traduções, contaminar pelas cadências distintas do pentâmetro iâmbico inglês, de modo que, ao ouvido afinado, elas soam tão familiares quanto estranhas. E, a quem objete que é desnecessário traduzir de novo esses poemas, cabe retrucar o seguinte: não há tradução definitiva, por melhor que esta ou aquela seja, e isto é bom, porque, se a língua do original dispõe de apenas uma versão do poema traduzido, a língua para a qual se traduz pode acumular um número ilimitado de versões — e é da leitura comparada de todas elas que o Shakespeare francês ou alemão, português ou brasileiro emerge.

A natureza da tradução poética explica ademais o que, para alguns, talvez pareça fragmentário e aleatório na presente antologia. Acontece que esta não busca apresentar o Bardo. Ela ilustra, isto sim, aquilo que o poeta brasileiro aprendeu com o inglês, os pontos onde os talentos e interesses de ambos convergem, contribuindo assim para ampliar o leque de possibilidades tradutórias na nossa língua, bem como seu repertório de formas. Mas não é só isso. Os maiores poetas lusitanos e portugueses modernos parecem ter compartilhado todos um imenso ponto cego: em outras palavras, com raríssimas exceções, como a de Vinicius de Moraes, mal existe grande — ou pelo menos boa — poesia amorosa em nossa língua contemporânea. O porquê disso não creio que tenha ainda sido devidamente esmiuçado, mas o fato é que existe um imenso buraco bem no meio de nossa lírica dos últimos cem ou mais anos. Entre as muitas coisas que foi, Shakespeare foi também um mestre absoluto não só do amor pela linguagem, mas da linguagem do amor em todas as suas variantes: o discurso sinuoso do desejo e da sedução, o deslumbramento da paixão recém-descoberta, o êxtase da consumação, o sofrimento da dor de cotovelo e da rejeição, a sanha destrutiva da suspeita e do ciúme — enfim, parafraseando uma citação célebre, nada no amor humano lhe era alheio. (Segundo críticos ousados, como o americano Harold Bloom, ele teria sido o primeiro a identificar vários desses sentimentos, e talvez os tenha até mesmo inventado, propiciando a instauração de uma nova sensibilidade.) Pois bem: não faz tanto tempo assim que o amor — fosse ele romântico, erótico ou a fusão de ambos — era uma dimensão central o bastante da vida para contar com uma linguagem própria e eloquente, uma linguagem que o fazia mais interessante, variado, rico e, sem a qual, ele corre sempre o risco de se tornar mecânico, repetitivo e, finalmente, tedioso. Uma linguagem dessas não nasce do nada, espontaneamente: ela é engendrada, torneada, aperfeiçoada, renovada, algo que é trabalho para (bons) poetas. William Shakespeare criou alguns de seus exemplos e modelos insuperáveis, e quando um poeta-tradutor como Geraldo Carneiro recria em português tal patrimônio universal, ele presta um serviço inestimável à comunidade — à comunidade dos amantes.

Nelson Ascher

Notas

1. Aqui vai o fragmento extraído da cena em que Marco Antonio explica a Cleópatra os motivos políticos de sua partida (*Antonio e Cleópatra, I.3.44-54*):

ANTONY

> Our Italy
> Shines o'er with civil swords. Sextus Pompeius
> Makes his approaches to the port of Rome.
> Equality of two domestic powers
> Breed scrupulous faction. The hated, grown to strength,
> Are newly grown to love. The condemned Pompey,
> Rich in his father's honour, creeps apace
> Into the hearts of such as have not thrived
> Upon the present state, whose numbers threaten;
> And quietness, grown sick of rest, would purge
> By any desperate change.

ANTONIO

> A nossa Itália esplende entre as espadas:
> Sexto Pompeu já está às portas de Roma,
> E o equilíbrio entre as forças da cidade
> Cria facções: o que era odiado antes,
> Ganhando força, passa a ser amado;
> Pompeu, o condenado, enriquecido
> Com as glórias de seu pai, vai se infiltrando
> Nos corações de quem não prosperou
> No atual governo, cuja soma ameaça,
> E a paz, que já adoeceu de descansar,
> Quer se purgar, buscar qualquer mudança.

2. Nota para o *flashback* de *Romeu e Julieta*.
A menção à metamorfose do cisne em patinho feio, além de inverter a ordem dos fatores da fábula, é um deliberado anacronismo. Seu autor, Hans Christian Andersen, nasceu em 1805, enquanto Shakespeare morreu em 1616. Mas creio que o Bardo compreenderia que, na ausência de corvos no céu do Brasil e diante da popularidade do conto de Andersen, a parceria seria bem-vinda.

3. Soneto 18
Quando traduzi este poema, vinte anos atrás, não sabia que 126 dos 154 sonetos foram provavelmente dedicados a Henry Wriothesley, Conde de Southampton. Portanto, um rapaz, e não uma moça, como eu supunha. Mas são tão variadas as hipóteses sobre as circunstâncias em que os sonetos foram escritos que a escolha do gênero da musa do poema fica a critério do leitor.

4. "Farei meu céu no colo de uma dama."
   (*Henrique VI, Parte 3, III.2.148*)
O verso foi retirado do contexto. Na verdade, ele é dito num monólogo furioso de Ricardo de Gloucester, futuro Ricardo III, um dos maiores vilões da história da literatura. Todos imaginam que ele só pensasse no poder, porque sua aparência medonha desautorizava fantasias amorosas, como ele próprio declara no monólogo de abertura da peça *Ricardo III*. Mas quem sabe Ricardão sonhasse que a mística do poder futuro o tornaria tão belo quanto os galãs favoritos das mocinhas elisabetanas?

5. Os textos em destaque de página inteira foram retirados, respectivamente, das obras: *Romeo and Juliet (II.1.109); Romeo and Juliet (I.1.183-184); Much Ado About Nothing (I.1.80-81); Romeo and Juliet (V.1.10-11); As You Like It (II.4.29-31); Sonnet*

100 (1-2); The Tempest (III.1.73-74); As You Like It (III.2.227--228); Much Ado About Nothing (II.1.82); Sonnet 90 (13-14); 3 Henry VI (III.2.148); The Two Gentlemen of Verona (I.3.84-87); Othello (III.3.92-93).

Conheça os títulos da Coleção Histórias de Amor:

A Abadia de Northanger, Jane Austen
A dama das camélias, Alexandre Dumas Filho
A História do Amor de Fernando e Isaura, Ariano Suassuna
Amar, verbo intransitivo, Mário de Andrade
Antônio e Cleópatra, William Shakespeare
Dom Casmurro, Machado de Assis
Madame Bovary, Gustave Flaubert
Noites brancas, Fiódor Dostoiévski
O corcunda de Notre-Dame, Victor Hugo
O discurso do amor rasgado, William Shakespeare
O Morro dos Ventos Uivantes, Emily Brontë
O Sedutor do Sertão, Ariano Suassuna
Orgulho e preconceito, Jane Austen
Persuasão, Jane Austen
Poemas de amor, Walmir Ayala (org.)
Poliana moça, Eleanor H. Porter
Razão e sentimento, Jane Austen
Romeu e Julieta, William Shakespeare

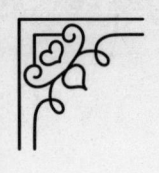

Direção editorial
Daniele Cajueiro

Editora responsável
Janaína Senna

Produção editorial
Adriana Torres
Laiane Flores
Allex Machado

Revisão
Alessanda Volkert
Luciana Aché

Projeto gráfico de miolo e capa
Larissa Fernandez Carvalho
Leticia Fernandez Carvalho

Diagramação
Alfredo Rodrigues

Este livro foi impresso em 2022
para a Nova Fronteira.

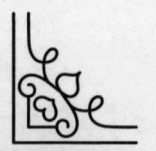